Paul Ricœur

Das Böse

TVZ

Paul Ricœur

Das Böse
Eine Herausforderung
für Philosophie und Theologie

Mit einem Vorwort von Pierre Bühler

Aus dem Französischen von Laurent Karels,
überarbeitet von Anna Stüssi

T V Z Theologischer Verlag Zürich

Die französische Originalausgabe ist unter dem Titel «Le mal. Un défi à la philosophie et à la théologie» 1986 (4. Auflage 2004) bei Labor et Fides, Genf, erschienen.

Die Deutsche Bibliothek – Bibliografische Einheitsaufnahme

Die Deutsche Bibliothek verzeichnet diese Publikation in der Deutschen Nationalbibliografie; detaillierte bibliografische Daten sind im Internet über:
http://dnb.ddb.de abrufbar.

Umschlaggestaltung, Layout, Satz und Bildbearbeitung:
Simone Ackermann, Zürich
Druck: ROSCH-BUCH, Scheßlitz
ISBN 978-3-290-17401-9

© 2006 Theologischer Verlag Zürich
Alle Rechte, auch die des auszugsweisen Nachdrucks, der fotografischen und audiovisuellen Wiedergabe, der elektronischen Erfassung sowie der Übersetzung, bleiben vorbehalten.

Inhalt

Vorwort 7

Das Böse – eine Herausforderung für Philosophie und Theologie 13

Die Erfahrung des Bösen: Zwischen Tadel und Klage 16

Die Diskursebenen in der Spekulation über das Böse 21
Die Ebene des Mythos 21
Das Stadium der Weisheit 24
Das Stadium der Gnosis und der antignostischen Gnosis 27
Das Stadium der Theodizee 33
Das Stadium der «gebrochenen» Dialektik 45

Denken, Handeln, Fühlen 52
Denken 52
Handeln 53
Fühlen 55

Vorwort

Stets widerfährt den Menschen das Rätsel des Bösen, sei es in weltgeschichtlichem Ausmass durch Krieg, Verbrechen, Naturkatastrophen, Epidemien oder Hungernot oder im kleineren Kontext des individuellen Lebens durch Erkrankung, Lebenskrise, Depression, den Verlust eines geliebten Menschen oder das eigene Sterben. Wie ist damit umzugehen, wie lässt sich das Problem des Bösen bewältigen, wenn überhaupt von Bewältigung gesprochen kann? Denn es lässt uns immer wieder unsere Grenzen, unsere Ohnmacht entdecken.

Seit Menschengedenken verbindet sich dieses Problem zugleich mit der Gottesfrage. Wie lassen sich Gott und das Böse zusammendenken? Lässt Gott das Übel zu? Will er es sogar? Oder möchte er es beseitigen, aber kann es nicht? Oder muss er gar mit einem mächtigen Gegner kämpfen, dem Teufel, Prinzip des Bösen? In klassischer Gestalt spricht man von der *Theodizee*: Dieser Begriff, den der deutsche Philosoph Leibniz entwickelt hat, bezeichnet den philosophischen oder theologischen Versuch, Gott angesichts des Bösen in der Welt zu rechtfertigen, das Böse als notwendigen Aspekt der Gerechtigkeit Gottes zu erweisen.

Mit diesen Fragen befasst sich das vorliegende Büchlein. Sein Autor ist der Philosoph Paul Ricœur, 1913 in Valence geboren und 2005 in der Nähe von Paris gestorben. Geprägt durch die französische Existenzphilosophie (vor allem Gabriel Marcel), befasste er sich intensiv mit Husserl, Heidegger und Jaspers. Neben Gadamer entwickelte er entscheidend die philosophische Hermeneutik, die Theorie der Interpretation. Er stammte aus einer hugenottischen Familie, was dazu führte, dass er auch immer wieder mit der evangelischen Theologie im Gespräch war (Barth, Bultmann, Tillich, Ebeling). In diesem Sinne ist denn auch das vorliegende Büchlein als «eine Herausforderung für Philosophie und Theologie» konzipiert.

Ricœur hat sich sein ganzes Leben lang mit dem Problem des Bösen auseinandergesetzt. In autobiographischen Texten erklärt er dies damit, dass schon früh das Übel in sein Leben eingebrochen sei: Er hat seine Eltern bereits als kleines Kind verloren (seine Mutter gleich nach der Geburt und seinen Vater 1915 im Krieg), so dass er bei den Grosseltern aufwuchs. Dieser frühe Verlust sei ihm ein Leben lang als prägendes Rätsel erhalten geblieben. Philosophisch stiess er in den vierziger und fünfziger Jahren auf das Thema. Er arbeitete an einer Philosophie des Willens und entdeckte dabei das Unfreiwillige, die Willensunfreiheit, und damit auch die Fehlbarkeit und die Schuld. Es erfolgte, als Abschluss seiner Willensphilosophie, eine «Symbolik des Bösen» [1], das heisst eine philosophische Auslegung der symbolischen Reden der Religionen über das Böse, seine Herkunft, seine Herrschaft und seine Überwindung.

In diskreten Hinweisen trägt Ricœurs Büchlein einen starken Lebensbezug. Ursprünglich war dieser Text ein Vortrag, den Ricœur im Herbst 1985 in Lausanne gehalten hatte. Zwischen dem Vortrag und dessen Veröffentlichung in Buchform im März 1986 hat der Autor einen seiner Söhne durch Suizid verloren. An mehreren Stellen des Textes wird auf die Problematik der Trauer und der Trauerarbeit angespielt. Erstaunlich ist dabei, dass dies bereits im Vortrag geschah, als ob Ricœur sich denkerisch auf den bevorstehenden Verlust vorbereitet hätte. Er selbst hat später dazu gesagt: «Ich ent-

---

[1] Phänomenologie der Schuld, Band II: Symbolik des Bösen, Alber, Freiburg i. Br. (1988) ³2002.

deckte mich plötzlich als den unerwarteten Empfänger dieser rauen Meditation»[2].

Das Büchlein ist in drei Teile gegliedert. Im ersten geht es dem Autor darum, die Komplexität der Thematik aufzuweisen. Sie hat darin ihren Grund, dass begangenes und erlittenes Böses in ein unauflösbares Knäuel verflochten sind. Auf verschiedenen Diskursebenen haben sich die Menschen damit abgemüht, dieses Knäuel zu entflechten. Im zweiten Teil durchschreitet Ricœur diese fünf Stadien (den Mythos, die Weisheit, die Gnosis und antignostische Gnosis, die Theodizee, die gebrochene Dialektik) und zeigt dabei, dass die Unmöglichkeit, das Problem denkerisch zu bewältigen, immer tiefer erfasst wird. Die Versuche führen immer mehr in eine *Aporie* (vom griechischen *aporo*s, «Un-Weg», Ausweglosigkeit, Sackgasse). Anders gesagt: Auf denkerischer Ebene

---

[2] Réflexion faite. Autobiographie intellectuelle, Esprit, Paris 1995, S. 80. Zum biografischen Kontext, vgl. François Dosse, Paul Ricœur. Les sens d'une vie, Découverte, Paris 1997, S. 609–617 (§ 59: «La traversée du mal absolu»).

behält also jede Theodizee, wie auch immer sie konzipiert ist, einen «aporetischen Charakter». Damit ist das Thema jedoch nicht beendet. Der Autor zeigt im dritten Teil, dass diese *denkerische* Aporie zunächst auf das *Handeln* verweist, als Aufgabe, gegen das unerklärbare Böse anzukämpfen. Doch auch das genügt noch nicht: Dieses ethische Moment verweist seinerseits auf das *Fühlen* als eine existentielle Aneignung der Aporie. Hier erst bekommt diese ihren tieferen Sinn, in der spirituell-seelsorgerlichen Verarbeitung der Trauer.

Der Bogen ist weit gespannt, und dies auf nur wenigen Seiten. Das macht die Lektüre anspruchsvoll, gewiss, jedoch zugleich ungemein bereichernd. Es ist nicht einfach abstrakte Verstandesarbeit, sondern auch und vor allem ganz konkrete Lebensarbeit.

Pierre Bühler

Das Böse – eine Herausforderung für Philosophie und Theologie

Das Böse stellt für die Philosophie wie für die Theologie eine *Herausforderung* ohnegleichen dar: Die bedeutendsten Denker beider Disziplinen geben dies zu, oft unter Seufzen. Wobei es nicht auf das Eingeständnis selbst ankommt, sondern auf die Art und Weise, wie man die Herausforderung und auch das Risiko des Scheiterns annimmt: Als Einladung, *weniger* zu denken, oder als Anstoss, *mehr* zu denken – oder gar anders zu denken?

Beim Problem des Bösen kommt ein bestimmtes Denken in Schwierigkeiten, nämlich jenes, das sich den Forderungen logischer Kohärenz unterwirft, das heisst dem Gesetz der Widerspruchsfreiheit und der systematischen Totalität. Dieses Denken herrscht in den meisten Versuchen zur Theodizee (im fachspezifischen Sinn des Wortes) vor. So verschieden die Antworten auch sein mögen, das Problem wird immer mit ähnlichen Begriffen definiert. Etwa: Wie kann man folgenden drei Aussagen zustimmen, ohne sich in Widersprüche zu verwickeln: Gott ist allmächtig; Gott ist absolut gut; dennoch existiert das Böse. Die Theodizee erscheint dann wie ein Ringen um Kohärenz, als Antwort auf den Einwand, dass nur zwei dieser Aussagen miteinander vereinbar sind, niemals aber alle drei. Nicht hinterfragt wird dabei die Art der Problemstellung selbst und ihre Voraussetzungen, das heisst die Satzstruktur der Begriffe, die ihr zugrunde liegen, und die Regel der Kohärenz, der die Lösung genügen sollte.

Ebenso wird nicht bedacht, dass diese Sätze einem «onto-theologischen» Denken entsprechen, das erst in einem fortgeschrittenen Stadium der spekulativen Philosophie, in der vorkantischen Metaphysik, erreicht wurde, als sich die Bekenntnissprache der Religion mit dem Diskurs vom Ursprung aller Dinge verband. Die *Theodizee* von Leibniz zeigt dieses Denken auf vollkommene Weise. Ebenfalls nicht bedacht wird, dass die Aufgabe des *Denkens* – gleichzeitig *Gott* und das *Böse* angesichts Gottes zu denken – sich nicht erschöpfend lösen lässt mit einer auf logische Widerspruchsfreiheit und systematische Totalität angelegten Vernunft.

Um aufzuzeigen, dass das Problem des Bösen im argumentativen Rahmen der Theodizee nur beschränkt und relativ entfaltet werden kann, gilt es, zuerst die ganze Tragweite und Komplexität des Problems mit den Mitteln einer Phänomenologie der Erfahrung des Bösen auszumessen. Danach sollen die verschiedenen Diskursebenen untersucht werden, die bei der Spekulation über den Ursprung und den Sinn des Bösen durchlaufen worden sind. Schliesslich soll die Denkarbeit, die sich am Rätsel des Bösen entzündet, mit den Antworten verbunden werden, die sich aus dem Handeln und dem Fühlen ergeben.

Die Erfahrung des Bösen: Zwischen Tadel und Klage

Zum ganzen Rätsel des Bösen trägt bei, dass wir – zumindest in der jüdisch-christlichen Tradition des Westens – so unterschiedliche Phänomene wie *Sünde*, *Leiden*[1] und *Tod* mit demselben Begriff fassen. Man kann sogar sagen, dass sich in dem Masse, in dem das Leiden konsequent als Bezugspunkt genommen wird, sich das Problem des Bösen von jenem der Sünde oder der Schuld unterscheidet. Bevor wir also sagen, was im Phänomen des *begangenen* und des *erlittenen* Bösen auf eine gemeinsame, rätselhafte Abgründigkeit hindeutet, ist es wichtig, vorerst ihre grundsätzliche Verschiedenheit zu betonen.

Streng genommen meint das moralisch Böse – in religiöser Sprache: die Sünde – das, was eine menschliche Handlung zum Gegenstand von Schuldzuweisung, Anklage und Tadel macht. Die Schuldzuweisung besteht darin, einem verantwortlichen Subjekt eine Handlung zuzuschreiben, die moralisch beurteilbar ist. Die Anklage beschreibt eine Handlung als etwas, was den in *einer* bestimmten Gemeinschaft

---

1   Anm. d. Übers.: Franz. *le mal* heisst sowohl das Böse wie das Weh, das Leiden – wie das deutsche Wort «Übel».

herrschenden Moralkodex verletzt. Der Tadel ist Zeichen des Urteils, aufgrund dessen der Täter für schuldig erklärt wird und Strafe verdient. An diesem Punkt überschneiden sich das moralisch Böse und das Leiden, insofern die Strafe ein auferlegtes Leiden ist.

Das Leiden wiederum, wenn man auch es im strengen Wortsinn nimmt, unterscheidet sich von der Sünde durch gegensätzliche Merkmale. Während in der Schuldzuweisung das moralisch Böse einem verantwortlich Handelnden zugeschrieben wird, gehört zum Leiden, dass es *erlitten* wird. Wir verursachen es nicht, es widerfährt uns. Deshalb auch die erstaunliche Vielfalt seiner Ursachen: Feindlichkeit der Natur, Krankheit und Behinderung von Körper und Geist, Trauer über den Tod Nahestehender, Angst vor der eigenen Sterblichkeit, Gefühl der persönlichen Unwürde und so fort. Im Gegensatz zur Anklage, die eine moralische Abweichung anzeigt, erweist sich das Leiden als pures Gegenteil von Lust, als Nicht-Lust, das heisst als Minderung unserer körperlichen, seelischen und geistigen Integrität. Und dann, schliesslich und vor allem, stellt das Leiden dem Tadel etwas entgegen: das Klagen. Denn wenn die Verfehlung den Menschen schuldig macht, so macht ihn das Leiden zum Opfer, und das wird im Klagen herausgeschrien.

Was nun bringt die Philosophie und die Theologie dazu, trotz dieser unwiderlegbaren Polarität das Böse als gemeinsame Wurzel von Sünde und Leiden zu denken? Da ist zunächst die besondere Verflechtung der beiden Phänomene zu nennen. Einerseits ist die Bestrafung ein körperliches und seelisches Leiden, das zum moralischen Bösen noch hinzukommt, etwa als körperliche Züchtigung, Freiheitsentzug, Schande oder Gewissensbisse. Deshalb nennt man die Strafe auch «Pein»[2], ein Terminus, der die Kluft zwischen begangenem und erlittenem Bösen überbrückt. Andererseits ist eine der Hauptursachen von Leiden die Gewalt, die Menschen einander antun. Überhaupt: Böses tun bedeutet in Wirklichkeit immer direkt oder indirekt andern Unrecht tun, also ihnen Leiden zufügen.

Aufgrund seiner (dialogischen) Beziehungsstruktur findet das Böse, das der eine begeht, seine Entsprechung im Bö-

---

[2] Anm. d. Übers.: Franz. *peine* heisst Strafe im juristischen Sinn, aber auch Leiden, Qual, Mühe.

sen, das der andere erleidet. Hier, an diesem entscheidenden Schnittpunkt ertönt der Klageschrei am lautesten: Wenn sich der Mensch als Opfer der Boshaftigkeit des Menschen erlebt. Davon zeugen die Psalmen Davids ebenso wie Marx' Analyse von der Entfremdung des Menschen, die ihren Grund in seiner Herabminderung zur Ware hat.

Wir bewegen uns einen Schritt weiter in die Richtung eines einzigartigen Geheimnisses des Übels, wenn wir ahnen, dass Sünde, Leiden und Tod auf verschiedene Weise dasselbe ausdrücken: das menschliche Dasein in seiner Tiefe und Ganzheit. In der Tat sind wir jetzt am Punkt angelangt, wo die Phänomenologie des Bösen abgelöst wird von einer Hermeneutik der Symbole und Mythen, die für eine verworrene und stumme Erfahrung eine erste sprachliche Vermittlung anbieten. Zwei Merkmale der Erfahrung des Bösen weisen in Richtung der erwähnten tiefen Einheit. Nehmen wir zuerst das moralisch Böse: Durch die Anschuldigung eines verantwortlichen Täters hebt sich von einem dunklen Hintergrund hell erleuchtet die Sphäre der Erfahrung von Schuld ab. In ihrem Innersten verbirgt sich das Gefühl, von höheren Mächten verführt worden zu sein – die der Mythos unschwer dämonisieren kann. Wenn er dies tut, macht er nichts anderes als dass er dem Gefühl Ausdruck gibt, in eine Geschichte des Bösen einbezogen zu sein, das schon längst vor ihm begonnen hat. Die deutlichste Auswirkung dieser seltsamen Erfahrung von Passivität im Herzen des Unrechttuns ist, dass der Mensch sich gerade in seinem Schuldigsein als Opfer fühlt. Die gleiche Verwischung der Grenze zwischen Schuldigem und Opfer lässt sich aber auch vom andern Pol her beobachten: Wenn man davon ausgeht, dass die Strafe ein verdientes Leiden ist, wer kann dann wissen, ob nicht jedes Leiden auf die eine oder andere Weise die Strafe für ein persönliches oder kollektives, bekanntes oder unbekanntes Fehlverhalten ist? Diese Frage, die die Erfahrung der Trauer bis in unsere säkularisierten Gesellschaften hinein aufwirft (wir werden später darauf zurückkommen), erhält Verstärkung durch die gleichzeitige Dämonisierung, die im Leiden und in der Sünde dieselben unheilvollen Mächte am Werk sieht. Dies ist der dunkle, niemals völlig entmythisierte Hintergrund, der aus dem Bösen ein einziges Rätsel macht.

Die Diskursebenen in der Spekulation über das Böse

Will man sich den Theodizeeversuchen im engeren Sinn zuwenden, die Widerspruchsfreiheit und systematische Totalität anstreben, muss man die verschiedenen Diskursebenen durchlaufen, in denen sich eine zunehmende Rationalität entfaltet.

Die Ebene des Mythos

Der Mythos ist sicherlich der erste wichtige Entwicklungsschritt. Und zwar in verschiedener Hinsicht. Die Ambivalenz des Heiligen, das *tremendum fascinosum* nach Rudolf Otto, gibt dem Mythos die Macht, sich sowohl der hellen wie der dunklen Seite des menschlichen Daseins anzunehmen. Sodann lässt der Mythos die fragmentarische Erfahrung des Bösen in die grossen Ursprungserzählungen einfliessen, in denen die Entstehung des Menschen ein Teil der Entstehung des Kosmos wird, wie das Werk von Mircea Eliade nachweist. Wenn der Mythos von der Weltentstehung erzählt, erzählt er, wie das menschliche Dasein in seiner insgesamt elenden Verfassung erzeugt wurde. Die grossen Religionen haben von dieser globalen Erkenntnisleistung des Mythos die wichtigste ideologische Funktion aufbewahrt, die nach Clifford Geertz darin besteht, *Ethos* und *Kosmos* in einer umfassenden Vision zu verbinden. Und das ist auch der Grund, weshalb das Problem des Bösen in späteren Stadien zur grossen Krise der Religion wird.

Der Ordnung stiftenden Funktion des Mythos, die nach Georges Dumézil mit seiner kosmischen Reichweite zu tun hat, steht als Folge und Korrektiv die verschwenderische Fülle seiner Erklärungsmuster gegenüber. Wie die Literaturen des Alten Orients, Indiens und des Fernen Ostens zeigen, ist der Mythos ein Tummelfeld für Experimente, ja für Spielereien mit verschiedensten fantastischen Hypothesen. In diesem riesigen Laboratorium ist keine Möglichkeit unversucht geblieben, das grosse Ganze der Welt und also auch das Rätsel des Bösen zu denken. Um diese unendliche Vielfalt in den Griff zu bekommen, haben die vergleichende Religionsgeschichte und die Anthropologie Typologien eingeführt, welche die mythischen Erklärungen in Monismus, Dualismus, Mischformen, usw. unterteilen. Der abstrakte Charakter dieser Klassifikationen, entstanden aus einem unvermeidlichen methodologischen Kunstgriff, sollte uns nicht darüber hinwegtäuschen, dass die Mehrzahl der Mythen die Ambivalenzen und Paradoxien sorgfältig pflegen, gerade wenn es darum geht, den Ursprung des Bösen zu erklären. Davon zeugt die biblische Erzählung vom Sündenfall, die noch viele andere Deutungsmöglichkeiten offen lässt als jene, die – hauptsächlich in der Nachfolge Augustins – im christlichen Abendland vorherrschend geworden ist. Die abstrakten Klassifikationen sollten auch nicht verdecken, dass es innerhalb des Mythischen erhebliche Schwankungen gibt: zwischen Darstellungen, die sich nach unten an Legende und volkstümliche Erzählung anlehnen, und andern, die sich nach oben der spekulativen Metaphysik annähern, wie etwa die grossen Abhandlungen des Hinduismus. Die dämonische Erfahrung des Bösen jedoch findet vor allem in den volkstümlichen Seiten des Mythos ihren Niederschlag: Hier bekommt sie eine Sprache. Andererseits hat der Mythos mit seiner spekulativen Seite den rationalen Theodizeen den Weg gewiesen, indem er den Akzent auf das Problem des Ursprungs legte. Damit ist die Frage für Philosophien und Theologien gestellt: *Wo kommt das Böse her?*

Das Stadium der Weisheit

Konnte der Mythos den Erwartungen der handelnden und leidenden Menschen ganz genügen? Teilweise und insofern er auf das *Fragen* einging, das in den unaufhörlichen Klagerufen laut wurde: «Bis wann? Warum?» Als Antwort bot der Mythos allerdings nur den Trost der Ordnung an, indem er die Klage des Flehenden in den Rahmen eines riesigen Universums stellte. Der Mythos liess aber jenen wichtigen Teil der Frage unbeantwortet, der nicht nur fragt: *Warum?*, sondern: *Warum gerade ich?* Hier wird die Klage zur Anklage und verlangt von der Gottheit Rechenschaft. In der Bibel zum Beispiel ist es ein wichtiger Aspekt des *Bundes*, dass zur partnerschaftlichen *Rollenteilung* auch der *Prozess* gehört. Wenn aber der Herr seinem Volk den Prozess macht, so macht auch das Volk seinem Gott den Prozess.

An diesem Punkt muss der Mythos den Ton ändern. Er kann nicht mehr nur von den Ursprüngen *erzählen*, um zu erklären, *wie* ganz allgemein das menschliche Dasein das geworden ist, was es ist, er muss jetzt *argumentieren* und erklären, *warum* es für jeden Einzelnen so ist. Damit sind wir im Stadium der Weisheit angekommen. Die erste und nachhaltigste Erklärung, welche die Weisheit anbietet, ist diejenige der *Vergeltung*: Alles Leiden ist verdient, weil es die Strafe für eine individuelle oder kollektive, bewusste oder unbewusste Verfehlung ist. Diese Erklärung hat zumindest den Vorteil, dass sie das Leiden als solches ernst nimmt, als einen vom moralisch Bösen zu unterscheidenden Pol. Aber sie bemüht sich sogleich, diesen Unterschied wieder aufzuheben, indem sie aus der Gesamtordnung der Dinge eine moralische Ordnung macht. In diesem Sinn ist die Theorie der Vergeltung die erste moralische Weltanschauung, um einen Ausdruck zu brauchen, den Hegel auf Kant angewandt hat. Nun hat sich aber die Weisheit, weil sie argumentiert, zu einer immensen Auseinandersetzung mit sich selbst ausgewachsen, ja zu einer dramatischen Debatte im Innern der Weisen selbst. Denn die Idee der Vergeltung konnte nicht mehr befriedigen, sobald eine gewisse Rechtsordnung entstanden war, die die Guten von den Bösen unterschied und die Strafe nach dem Mass der Schuld jedes Einzelnen zu bemessen suchte. Einem auch nur ansatzweise entwickelten Gerechtigkeitssinn muss die existierende Verteilung der Übel nur als willkürlich, rücksichtslos, unverhältnismässig erscheinen: Warum stirbt dieser Mensch an Krebs und jener nicht? Warum sterben Kinder? Warum *so viel* Leiden, weit über das hinaus, was einfache sterbliche Menschen normalerweise ertragen können?

Wenn das Buch Hiob in der Weltliteratur einen so wichtigen Platz einnimmt, dann wohl vor allem deswegen, weil es sich der Klage, die zur Anklage wird, annimmt, und diese Anklage zum Protest erhebt. Angenommen, es geht in der Erzählung um das Schicksal eines *leidenden Gerechten*, eines untadeligen Gerechten, der den schwersten Prüfungen unterworfen wird, dann erkennen wir in den kraftvollen Argumenten im Dialog Hiobs mit seinen Freunden die interne Auseinandersetzung der Weisheit, die sich an der Unverhältnismässigkeit von moralisch Bösem und erlittenem Bösen entzündet. Aber das Buch Hiob berührt uns vielleicht noch viel mehr durch seinen rätselhaften und vielleicht absichtlich doppeldeutigen Schluss: Die Theophanie am Ende des Buches gibt keine direkte Antwort auf das persönliche Leiden Hiobs. Deshalb ist der Raum für spekulative Deutungen in verschiedene Richtungen offen. Das Bild eines Schöpfers mit unergründlichen Plänen, eines Architekten, dessen Masseinheiten unvereinbar sind mit den Widerwärtigkeiten des menschlichen Lebens, provoziert verschiedene Gedanken: Der Trost ist eschatologisch hinausgeschoben; die Klage ist nicht angebracht, fehl am Platz angesichts eines Gottes, der Herr über Gut und Böse ist (gemäss Jesaja 45,7: «Ich bin der HERR, der das Licht bildet und die Finsternis schafft, der Heil vollbringt und Unheil schafft»), oder: Die Klage selbst muss durch eine der läuternden Prüfungen hindurchgehen, wie wir es im dritten Teil ausführen werden. Lautet nicht Hiobs letztes Wort: «Darum widerrufe ich und bereue im Staub und in der Asche»? Welche Reue könnte gemeint sein, wenn nicht das Bereuen der Klage selbst? Und bewirkt nicht diese Reue, dass Hiob Gott *ohne Grund* lieben kann – entgegen der Wette Satans zu Beginn der Rahmenerzählung?

Wir kommen im dritten Teil auf diese Fragen zurück und beschränken uns im Augenblick darauf, den Faden der durch die Weisheit eröffneten Spekulation wieder aufzunehmen.

Das Stadium der Gnosis und der antignostischen Gnosis

Das Denken würde sich nicht von der Weisheit zur Theodizee entwickelt haben, wenn die Gnosis die Spekulation nicht zu einer Gigantomachie gesteigert hätte, bei der die Kräfte des

Guten mit den Armeen des Bösen in gnadenlosem Kampf liegen, um alle Teilchen des Lichts zu befreien, die in der Finsternis der Materie gefangen sind. Auf diese tragische Vision, die alle Gestalten des Bösen in ein Gesamtprinzip des Bösen einbindet, hat Augustin die Antwort gegeben und damit einen der Pfeiler des westlichen Denkens errichtet. Da unser Thema hier nicht Sünde und Schuld heisst, beschränken wir uns auf diejenigen Aspekte der Lehre Augustins, die den Stellenwert des Leidens in einer Gesamtinterpretation des Bösen betreffen. Tatsächlich verdankt es das westliche Denken der Gnosis, dass das Böse als problematische Ganzheit zum Thema gemacht wurde: *Unde malum?* Woher kommt das Böse?

Wenn sich Augustin gegen die tragische Vision der Gnosis stellen konnte (die man üblicherweise zu den dualistischen Lösungen zählt, ohne dabei die spezifische epistemologische Ebene dieses besonderen Dualismus zu berücksichtigen), dann zunächst deshalb, weil er aus der Philosophie, aus dem Neuplatonismus, ein konzeptuelles System übernehmen konnte, das geeignet war, die Scheinkonzepte eines rationalisierten Mythos zunichte zu machen. Von den Philosophen übernimmt Augustin, dass das Böse nicht als *Substanz* verstanden werden kann, weil über das «Sein» nachzudenken bedeutet, das «Intelligible», das «Eine» und das «Gute» zu denken. Das philosophische Denken schliesst also alle Fantasien über ein substantielles, wesenhaftes Böses aus. Im Gegenzug entsteht eine neue Idee des «Nichts», das *ex nihilo*, welche in der Idee einer Schöpfung, die vollständig und ohne Rest ist, enthalten ist. Gleichzeitig tritt, in Verbindung mit dem eben genannten, ein anderes negatives Konzept auf den Plan, dasjenige einer ontischen Distanz zwischen Schöpfer und Geschöpf, das erlaubt, von der *Schwachheit* des Geschaffenen als solchem zu sprechen. Aufgrund dieser Schwachheit wird verständlich, dass Geschöpfe, denen die Entscheidungsfreiheit gegeben ist, sich von Gott «abwenden» und sich dem «zuwenden» können, was weniger Sein hat, nämlich dem Nichts.

Dieser erste Grundzug der Lehre Augustins verdient besondere Aufmerksamkeit: er verbindet nämlich Ontologie und Theologie in einem neuartigen Diskurs, dem der *Onto-Theo-Logie*.

Die wichtigste logische Folge aus der Negation der Wesenhaftigkeit des Bösen ist, dass das Zugeständnis, dass es dennoch Böses gibt, eine ausschliesslich moralische Sichtweise des Bösen begründet. Wenn die Frage: *Unde malum?* ihren ontologischen Sinn verliert und durch die Frage: *Unde malum faciamus?* (Woher kommt es, dass wir Böses tun?) ersetzt wird, verlagert sich das ganze Problem des Bösen in den Bereich des Handelns, des Willens, der Entscheidungsfreiheit. Mit der Sünde wird ein Nichts besonderer Art eingeführt, ein *nihil privativum*, für das der Sündenfall allein verantwortlich ist, derjenige der Menschen, aber auch der höheren Wesen, der Engel. Für dieses Nichts braucht kein Grund ausserhalb des jeweiligen schlechten Willens gesucht zu werden. Augustins Schrift *Contra Fortunatum* zieht aus dieser moralischen Sicht des Bösen den Schluss, der für uns hier am wichtigsten ist: dass alles Böse entweder *peccatum* (Sünde) oder *poena* (Strafe) sei. Diese rein moralische Sicht des Bösen hat ihrerseits zur Folge, dass die ganze Geschichte im Licht der Strafe erscheint: Keine Seele wird zu Unrecht ins Unglück gestürzt.

Der Preis, der für die Kohärenz der Lehre gezahlt werden muss, ist sehr hoch. Das wird vor allem im Streit mit den Pelagianern deutlich, der mehrere Jahrzehnte nach dem Streit mit den Manichäern stattfand. Um glaubwürdig zu machen, dass alles Leiden – sei es noch so ungerecht verteilt und noch so übertrieben – eine Vergeltung für Sünde sei, muss diese auf eine über-individuelle Ebene gehoben werden, auf eine Ebene, die mit der Geschichte, ja sogar der Fortpflanzung des Menschen zu tun hat. Die Antwort darauf ist die Lehre von der «Ursünde» oder der «Natursünde». Wir wollen hier nicht die Phasen ihrer Entstehung nachzeichnen (wörtliche Interpretation von Genesis 3, verbunden mit der paulinischen Emphase in Römer 5,12–19, Rechtfertigung der Kindertaufe usw.). Wir unterstreichen nur den epistemologischen Status oder die Diskursebene des Dogmas der Ursünde. Dieses erfasst einen grundlegenden Aspekt der Erfahrung des Bösen: die zugleich individuelle und kollektive Erfahrung, dass der Mensch ohnmächtig ist angesichts der dämonischen Macht des Bösen, die immer schon da ist, bevor etwas Böses geschieht, das einer bewussten Absicht zugeschrieben werden könnte. Aber dieses Rätsel der immer schon anwesenden Macht des Bösen wird in die falsche Klarheit einer scheinbar rationalen Erklärung gehüllt. Im Konzept der Natursünde werden zwei heterogene Begriffe miteinander verbunden: die biologische Übertragung in der Zeugung und die individuelle Zurechnung von Schuld. So erscheint der Begriff der Ursünde als falsches Konzept, das man einer antignostischen Gnosis zuordnen kann. Der Inhalt der Gnosis wird geleugnet, aber die Form des Diskurses der Gnosis wird rekonstruiert, nämlich die eines *rationalisierten Mythos*.

Augustin erscheint deshalb *tiefgründiger* als Pelagius, weil er erkannt hat, dass das *nihil privativum* zugleich eine höhere Macht ist, die dem Wollen des Einzelnen und jedem Willensakt überlegen ist. Hingegen erscheint Pelagius *realistischer*, weil er jedem Menschen die Freiheit seiner eigenen Verantwortung lässt – genauso wie Jeremia und Ezechiel, die einst bestritten, dass die Kinder für die Fehler der Väter zu zahlen hätten.

Schwerer wiegt, dass sowohl Augustin als auch Pelagius, die zwei gegensätzliche Versionen einer streng moralischen Sicht des Bösen bieten, keine Antwort geben auf das Aufbegehren gegen das ungerechte Leiden. Augustin verurteilt es zum Schweigen, indem er das ganze Menschengeschlecht unter Generalanklage stellt, Pelagius sieht darüber hinweg, indem er die Verantwortung zur höchsten ethischen Aufgabe macht.

Das Stadium der Theodizee

Von Theodizee darf nur gesprochen werden, a) wenn die *Darlegung* des Problems des Bösen auf Aussagen beruht, die auf Eindeutigkeit abzielen (was bei den drei generell erhobenen Behauptungen der Fall ist: Gott ist allmächtig; seine Güte ist unendlich; das Böse existiert), b) wenn das *Ziel* der Argumentation eindeutig apologetisch ist: Gott ist für das Böse nicht verantwortlich, c) wenn die eingesetzten *Mittel* der Logik der Widerspruchsfreiheit und der systematischen Totalität genügen sollen. Diese Bedingungen sind aber nur im Rahmen der Onto-Theologie erfüllt worden, in der sich Begriffe aus dem religiösen Diskurs, insbesondere Gott, mit Begriffen aus der (z. B. platonischen oder cartesianischen) Metaphysik wie *Sein, Nichts, erste Ursache, Finalität, unendlich, endlich,* usw. verbunden haben. Die Theodizee im strengen Sinn ist die höchste Blüte der Onto-Theologie.

In dieser Hinsicht bleibt die *Theodizee* von Leibniz das Modell der Gattung. Einerseits werden hier alle Formen des Bösen, nicht nur das moralisch Böse (wie in der augustinschen Tradition), sondern auch das Leiden und der Tod in die Betrachtung einbezogen und unter den Oberbegriff des *metaphy-*

sisch Bösen gestellt. Dieses ist der unvermeidliche Makel jeden geschaffenen Wesens, wenn es stimmt, dass Gott keinen anderen Gott schaffen kann. Andererseits erfährt die klassische Logik eine Bereicherung: Dem Prinzip der Widerspruchsfreiheit wird der Satz vom *zureichenden Grund* hinzugefügt, der zum Prinzip des Besten wird, sobald man die Schöpfung auffasst als Ergebnis eines im göttlichen Denken sich abspielenden Wettstreits zwischen verschiedenen Welt-Modellen, von denen nur eines ein Maximum an Vollkommenheit und ein Minimum an Mängeln aufweist. Der Begriff der besten aller Welten, von Voltaire im *Candide* nach der Erdbebenkatastrophe von Lissabon so verspottet, wird nicht verstanden, solange seine *rationale* Triebfeder nicht erkannt wird, nämlich die Berechnung von Maximum und Minimum, deren Ergebnis *unser* Welt-Modell ist. So kann der Satz vom zureichenden Grund den Abgrund zwischen dem logisch Möglichen, das heisst dem Nicht-Unmöglichen, und dem Zufälligen, das heisst dem, was auch anders sein könnte, überwinden.

Das Scheitern der *Theodizee* innerhalb des von der Onto-Theologie abgesteckten Denkraums rührt daher, dass ein begrenzter menschlicher Verstand, der keinen Zugang hat zu den Daten dieser grossartigen Rechnung, sich darauf beschränken muss, die spärlichen Zeichen des Übermasses der Vollkommenheit gegenüber den Unvollkommenheiten in die Waagschalen von Gut und Böse zu werfen. Wer behaupten will, dass die Bilanz insgesamt positiv sei, braucht also einen soliden menschlichen Optimismus. Und da wir immer nur Brosamen vom Prinzip des Besten erhaschen, müssen wir uns mit seinem ästhetischen Korollarium zufrieden geben, wonach der Kontrast zwischen Negativem und Positiven zur Harmonie des Ganzen beiträgt. Genau dieser Anspruch aber, im Ausgleich von Gut und Böse auf einer quasi ästhetischen Ebene eine positive Bilanz herstellen zu wollen, schlägt fehl, sobald wir es mit Übeln, mit Schmerzen zu tun haben, deren Übermass mit keinem bekannten Guten ausgeglichen werden kann. Einmal mehr ist es die Klage, die Anklage des leidenden Gerechten, welche die Vorstellung eines Ausgleichs des Bösen durch das Gute zunichte macht, genauso wie sie schon die Idee der Vergeltung zunichte gemacht hat.

Kant war es, der den härtesten Schlag – wenn auch nicht gerade den Todesstoss – gegen die Grundlage des onto-theologischen Diskurses geführt hat, auf die die *Theodizee* von Augustin bis Leibniz aufbaute. Sein unerbittlicher Verriss der rationalen Theologie in der *Kritik der reinen Vernunft*, im Abschnitt über die Dialektik, ist bekannt. Ohne ihre ontologische Stütze fällt die Theodizee unter die Rubrik «*transzendentale Illusion*». Womit nicht gesagt ist, dass das Problem des Bösen von der Bühne der Philosophie verschwindet. Ganz im Gegenteil. Aber es gehört jetzt nur noch in den Bereich der *praktischen Vernunft*, wie alles, was nicht sein darf und durch Handeln bekämpft werden soll. Das Denken befindet sich also wieder in einer ähnlichen Lage wie bei Augustin: Kant kann nicht mehr fragen, woher das Böse kommt, die Frage ist vielmehr, woher es kommt, dass wir es *tun*. Und wie zu Zeiten Augustins wird das Problem des Leidens dem Problem des moralisch Bösen geopfert. Mit zwei Unterschieden immerhin:

Einerseits wird das Leiden nicht mehr als Bestrafung gesehen und mit dem Bereich der Moral verbunden. Es gehört höchstens in die Zuständigkeit des *teleologischen* Urteils in der *Kritik der Urteilskraft*, das übrigens eine relativ optimistische Einschätzung der dem Menschen von Natur aus gegebenen Veranlagungen zulässt. Dazu gehören die Anlagen zur Gemeinschaftsfähigkeit und zur Persönlichkeit, die der Mensch pflegen soll. Im Zusammenhang mit dieser moralischen *Aufgabe* wird das Leiden indirekt berücksichtigt: einmal auf individueller Ebene, vor allem aber auf der Ebene, die Kant «weltbürgerlich» nennt. Was die Frage nach dem Ursprung des erlittenen Bösen angeht, so hat sie jede philosophische Relevanz verloren.

Andererseits bricht Kant bei der Problematik des *radikal Bösen* (zu Beginn der *Religion innerhalb der Grenzen der blossen Vernunft*) freimütig mit der Problematik der Ursünde, auch wenn gewisse Ähnlichkeiten zu bestehen scheinen. So wie er mit keinem Rückgriff auf rechtliche oder biologische Schemata dem radikal Bösen einen Schimmer trügerischer Vernünftigkeit gibt (Kant wäre insofern eher pelagianisch als augustinisch), so steht bei ihm das *Prinzip* des Bösen auch nicht am Ursprung, im zeitlichen Sinn des Wortes. Es ist nur die oberste Maxime, die als letzte subjektive Grundlage für all die schlechten Handlungsmaximen unseres freien Willens dient. Diese oberste Maxime legt den *Hang* zum Bösen ins Menschengeschlecht als Ganzes (hierin steht Kant wieder auf der Seite Augustins), im Gegensatz zur *Anlage* zum Guten, die grundlegend für den guten Willen ist. Aber der Daseinsgrund dieses radikal Bösen ist *unerforschbar*: «...für uns ist also kein begreiflicher Grund da, woher das moralische Böse in uns zuerst gekommen sein könne.»[3] Wie Karl Jaspers bewundere ich dieses letzte Eingeständnis. Wie Augustin, und vielleicht wie das mythische Denken, hat Kant den dämonischen Grund der menschlichen Freiheit erkannt, aber mit der Nüchternheit eines Denkens, das immer darauf bedacht ist, die *Grenzen der Erkenntnis* nicht zu überschreiten und den Abstand zwischen *Denken* und *Erkenntnis des Objekts* (Ding an sich) aufrechtzuerhalten.

Und dennoch: Das spekulative Denken kapituliert nicht vor dem Problem des Bösen. Kant hat der rationalen Theologie kein Ende gesetzt, er hat sie gezwungen, andere Ressourcen zu nutzen, nämlich jenes *Denken*, welches durch die Begrenzung der Erkenntnis des Objekts in den Hintergrund gedrängt worden war. Das beweist die ausserordentliche Fül-

---

[3] Immanuel Kant, Die Religion innerhalb der Grenzen der blossen Vernunft, in: Werke in zwölf Bänden, Insel Verlag, Wiesbaden 1956, Bd. 8, S. 693, A44.

le von neuen Systemen in der Zeit des deutschen Idealismus: Fichte, Schelling, Hegel, ganz zu schweigen von andern Geistesriesen wie Hamann, Jacobi, Novalis.

Das Beispiel Hegels ist aus der Sicht der Diskursebenen, die uns hier interessieren, besonders bemerkenswert wegen der Rolle der dialektischen Denkweise und der Negativität, die innerhalb der Dialektik für Dynamik sorgt. Es ist die Negativität, die auf allen Ebenen jede Figur des Geistes dazu zwingt, sich in ihr Gegenteil zu verkehren und eine neue Gestalt hervorzubringen, welche die vorhergehende zugleich ablöst und bewahrt, gemäss dem doppelten Sinn der Hegelschen *Aufhebung*. So bewirkt die Dialektik, dass in allen Dingen das Tragische mit dem Logischen zusammenfällt: Es muss etwas sterben, damit etwas Grösseres geboren werde. In diesem Sinne ist das Unheil überall da, aber auch überall überwunden, insofern die Versöhnung stets über die Zerrissenheit siegt. So kann Hegel das Problem der Theodizee an dem Punkt wieder aufnehmen, an dem es Leibniz aufgegeben hatte, weil ihm kein anderes Denkmittel zur Verfügung stand als der Satz des zureichenden Grundes.

Zwei Texte sind in diesem Zusammenhang bedeutsam. Der erste findet sich in Kapitel VI der *Phänomenologie des Geistes* und betrifft die Auflösung der moralischen Sicht der Welt; es ist nicht uninteressant, dass er am Ende eines langen Abschnitts mit dem Titel «Der seiner selbst gewisse Geist» und vor Kapitel VII über «Religion» steht. Dieser Text trägt den Titel «Das Gewissen, die schöne Seele, das Böse und seine Verzeihung» und zeigt den in sich selbst gespaltenen Geist zwischen der «Überzeugung», welche die bedeutenden Tatmenschen beseelt und sich in ihrer Leidenschaften verkörpert (ohne die «nichts Grosses in der Welt» geschieht![4]) und dem «beurteilenden Bewusstsein», dargestellt in «der schönen Seele», von der später gesagt wird, dass sie zwar saubere Hände, aber eben doch keine Hände habe. Das beurteilende Bewusstsein prangert die Gewalt des Überzeugungstäters an, die das Resultat der Besonderheit, der Kontingenz und der Willkür seiner

---

4 G.W.F. Hegel, *Vorlesungen über die Philosophie der Geschichte*, in: Werke in zwanzig Bänden, Suhrkamp Verlag, Frankfurt a. M. 1970, Bd. 12, S. 38. Im Folgenden wird nach dieser Ausgabe zitiert.

Genialität ist. Aber auch es muss seine eigene Begrenztheit zugeben, seine Besonderheit, die sich in seinem Anspruch auf Universalität verbirgt, und schliesslich die Heuchelei einer Verteidigung des moralischen Ideals, die sich allein in Worte flüchtet. In dieser Einseitigkeit und Hartherzigkeit entlarvt sich das beurteilende Bewusstsein als ein Böses, das dem des handelnden Bewusstseins gleichkommt. In Vorwegnahme der *Genealogie der Moral* Nietzsches entdeckt Hegel das Böse in der Anklage selbst, aus der die moralische Sicht des Bösen entsteht. Worin besteht also demnach die «Verzeihung»? Im parallelen Verzicht der zwei Momente des Geistes, in der gegenseitigen Anerkennung ihrer Besonderheit und in ihrer Versöhnung. Diese Versöhnung ist nichts anderes als der «(*endlich*) seiner selbst gewisse Geist». Wie bei Paulus entsteht die Rechtfertigung aus der Aufhebung des Urteils der Verdammung. Aber im Gegensatz zu Paulus ist der Geist, zumindest in diesem Stadium der Dialektik, unterschiedslos menschlich und göttlich. Die letzten Worte des Kapitels lauten: «Das versöhnende *Ja*, worin beide Ich von ihrem entgegengesetzten *Dasein* ablassen, ist das *Dasein* des zur

Zweiheit ausgedehnten *Ichs*, das darin sich gleich bleibt und in seiner vollkommenen Entäusserung und Gegenteile die Gewissheit seiner selbst hat; – es ist der erscheinende Gott mitten unter ihnen, die sich als das reine Wissen wissen.»[5]

Hier stellt sich nun die Frage, ob diese Dialektik nicht den Optimismus von Leibniz wiederherstellt, mit logischen Mitteln zwar, über die dieser nicht verfügte, aber aus derselben Kühnheit und vielleicht mit noch grösserer rationaler *Hybris*. Welches Los ist eigentlich dem Leiden der Opfer in einer Weltsicht zugedacht, in der der Pantragismus immer wieder vom Panlogismus vereinnahmt wird?

Unser zweiter Text antwortet direkter auf diese Frage, indem er die Versöhnung, von der gerade die Rede war, völlig von jedem Trost trennt, der sich an den Menschen als Opfer richten würde. Es handelt sich um den wohlbekannten Abschnitt der *Vorlesungen über die Philosophie der Geschichte*, welcher der «List der Vernunft» gewidmet ist, die vielleicht selbst die letzte List der Theodizee darstellt. Dass dieses

---

5   G.W.F. Hegel, *Phänomenologie des Geistes*, Bd. 3, S. 494.

Thema im Rahmen einer Geschichtsphilosophie auftritt, ist bereits ein Hinweis darauf, dass das Geschick der Einzelnen völlig dem Schicksal des «Volksgeistes» und dem des «Weltgeistes» untergeordnet ist. Genauer noch: Der «Endzweck» des Geistes – nämlich die vollständige «Verwirklichung» der Freiheit – lässt sich im modernen Staat, der erst im Entstehen begriffen ist, erkennen. Die List der Vernunft besteht nun darin, dass sich der Weltgeist der Leidenschaften der grossen Menschen, die Geschichte machen, bedient: Er verfolgt ohne ihr Wissen eine zweite Absicht, die sich hinter der ersten Absicht ihrer selbstsüchtigen Ziele verbirgt, welche sie mit ihren Leidenschaften zu erreichen suchen. Diese ungewollten Wirkungen des individuellen Handelns dienen den Plänen des «Weltgeistes» insofern, als sie zu den bevorstehenden Zielen beitragen, die über jeden «Volksgeist» hinaus verfolgt werden und im entsprechenden Staat verkörpert sind.

Die Ironie der Hegelschen Geschichtsphilosophie (geht man davon aus, dass sie den grossen Bewegungen der Geschichte einen verständlichen Sinn gibt – eine Frage, die hier nicht zur Diskussion steht) beruht genau darauf, dass die Frage von Glück und Unglück aufgehoben wird. Es heisst, dass die Weltgeschichte nicht der «Boden des Glücks» ist[6]. Wenn die grossen Männer der Geschichte um das Glück betrogen werden durch die Geschichte, die ihnen mitspielt, was soll man dann von den anonymen Opfern sagen? Für uns, die wir Hegel nach den namenlosen Katastrophen und Leiden des vergangenen Jahrhunderts lesen, ist die von der Geschichtsphilosophie vollzogene Trennung von Trost und Versöhnung zu einer wahren Quelle der Ratlosigkeit geworden: Je besser es dem System geht, desto mehr werden die Opfer an den Rand gedrängt. Der Erfolg des Systems macht sein Scheitern aus. Das Leiden, laut geworden in der Klage, schliesst sich selbst aus dem System aus.

Sollen wir also darauf verzichten, über das Böse *nachzudenken*? Die Theodizee hat mit Leibniz und dem Prinzip des Besten einen ersten und mit der Dialektik von Hegel einen zweiten Höhepunkt erreicht. Gäbe es nicht eine andere Verwendung der Dialektik als die *allumfassende* Dialektik?

---

[6] G.W.F. Hegel, *Vorlesungen über die Philosophie der Geschichte*, Bd. 12, S. 42.

Diese Frage werden wir an die christliche Theologie stellen. Oder genauer gesagt: an eine Theologie, die mit der Verwechslung von Menschlichem und Göttlichem unter dem zweideutigen Titel des *Geistes* gebrochen hat und auch mit der Vermischung zwischen dem religiösen Diskurs und dem philosophischen Diskurs in der Onto-Theologie aufgehört hat, die also, kurz gesagt, auf das Vorhaben der Theodizee selbst verzichtet. Das Beispiel, das wir gewählt haben, ist Karl Barth, der auf Hegel antwortet. Ein anderes Beispiel, das hier nicht ausgeführt werden kann, ist Paul Tillich, der auf Schelling antwortet.

Das Stadium der «gebrochenen» Dialektik

Zu Beginn des berühmten Paragraphen der *Kirchlichen Dogmatik* unter dem Titel «Gott und das Nichtige»[7] räumt Barth ein, dass sich nur eine «gebrochene» Theologie, das heisst eine Theologie, die auf die systematische Totalität verzichtet hat, auf den gefährlichen Weg des *Denkens* über das Böse be-

---

7   Karl Barth, *Kirchliche Dogmatik*, Band III/3, § 50, Theologischer Verlag Zürich, Zürich 1992, S. 327–425.

geben kann. Die Frage wird sein, ob er diesem anfänglichen Bekenntnis bis zum Schluss treu geblieben ist.

Gebrochen ist in der Tat eine Theologie, die dem Bösen eine mit der Güte Gottes und der Güte der Schöpfung unvereinbare Realität zuerkennt. Für diese Wirklichkeit hat Barth den Begriff des *Nichtigen* reserviert, um sie gänzlich von der *negativen* Seite der menschlichen Erfahrung zu unterscheiden, die Leibniz und Hegel als Einzige berücksichtigt haben. Das Nichtige muss gedacht werden als etwas, das Gott feindlich gegenübersteht, das nicht nur Schwachheit und Mangel meint, sondern auch Verderben und Vernichtung. So wird nicht nur der Intuition Kants über den unerforschbaren Charakter des moralisch Bösen – verstanden als das radikal Böse – Genüge getan, sondern auch dem Protest des menschlichen Leidens, das sich weigert, in den Kreislauf des moralisch Bösen im Sinne der Vergeltung einbezogen und sogar unter das Banner der Vorsehung – ein anderer Name für die Güte der Schöpfung – gerufen zu werden. Wenn das der Ausgangspunkt ist, wie kann man dann *mehr denken* als die klassischen Theodizeen? Indem *anders* gedacht wird! Und wie wird anders gedacht? Indem in der Christologie der grundsätzliche *Nexus* der Lehre gesucht wird. Genau hier erkennt man Barths Unnachgiebigkeit: Das Nichtige ist das, was von Christus besiegt wurde, indem er sich selbst am Kreuz zunichte machte. Wenn wir von Christus auf Gott zurückgehen, heisst das, dass Gott in Jesus Christus dem Nichtigen begegnet ist, es bekämpft hat, und dass wir darum das Nichtige «*kennen*». Das impliziert eine hoffnungsvolle Note: Da die Auseinandersetzung mit dem Nichtigen Gottes eigene Sache ist, sind wir in unseren Kämpfen gegen das Böse Mitkämpfer. Mehr noch: Wenn wir glauben, dass Gott in Christus das Böse besiegt hat, dann müssen wir auch glauben, dass uns das Böse nicht mehr zunichte machen kann. Wir dürfen von ihm nicht mehr so sprechen, als hätte es noch Macht, als läge seine Überwindung erst in der Zukunft. Deshalb sollte der Gedanke, der zunächst bedrückend wurde, als er die Realität des Nichtigen anerkannt hatte, dann auch leicht und sogar fröhlich werden, wenn er feststellt, dass das Nichtige ja schon besiegt wurde. Es fehlt einzig noch die vollständige Offenbarung seiner Beseitigung. (Nebenbei sei darauf hingewiesen, dass Barth den Begriff der *permissio* aus der alten Dogmatik nur aufgreift, um diesen Abstand zwischen dem bereits erreichten und dem manifesten Sieg kenntlich zu machen: Gott «lässt zu», dass wir seine Herrschaft noch nicht sehen und noch vom Nichtigen bedroht sind.) In Wirklichkeit ist der Feind bereits Knecht geworden – «ein wunderlicher Knecht [...], dafür wird gesorgt sein». (S. 425)

Würden wir hier die Darlegung der Barth'schen Lehre vom Bösen unterbrechen, so hätten wir nicht gezeigt, inwiefern diese Dialektik, obwohl sie gebrochen ist, den Namen Dialektik verdient.

Tatsächlich riskiert es Barth, mehr darüber zu sagen – einige würden sagen: zu viel. Was sagt er über das Verhältnis Gottes zum Nichtigen, was nicht bereits im Bekenntnis enthalten ist, dass Gott in Christus dem Bösen begegnet ist und es besiegt hat? Folgendes: Dass das Nichtige *auch* in Gottes Zuständigkeit gehört, aber in einem ganz anderen Sinne als die gute Schöpfung, nämlich dass *erwählen* im Sinne der biblischen Erwählung für Gott bedeutet, ein Etwas zu verwerfen, das, weil verworfen, im Modus des Nichtigen existiert. Dieser Aspekt der Verwerfung ist gewissermassen die «linke Hand» Gottes. «Das Nichtige ist das, was Gott nicht will. Nur davon lebt es, dass es das ist, was Gott *nicht* will» (S. 406).

Mit anderen Worten: Das Böse existiert nur als Gegenstand seines Zornes. Damit ist die Souveränität Gottes intakt, obwohl seine Herrschaft über das Nichts nicht mit seiner Herrschaft voller Güte über die gute Schöpfung zu vereinbaren ist. Der erste Aspekt bildet das *opus alienum* Gottes, im Unterschied zu seinem *opus proprium*, das ganz Gnade ist. Ein Satz fasst diese seltsame Denkbewegung zusammen: «Indem Gott auch zur Linken Herr ist, ist er der Grund und Herr auch des Nichtigen.» (S. 405)

Tatsächlich ein seltsam anmutender Gedanke, diese Zusammenschau ohne Vermittlung zwischen der rechten und der linken Hand Gottes. Man kann sich zunächst fragen, ob Barth nicht in letzter Minute auf das Dilemma antworten wollte, das die Theodizee in Bewegung gesetzt hat: Wenn sich die Güte Gottes wirklich darin zeigt, dass er seit Beginn der Schöpfung das Böse bekämpft, wie es der Bezug auf das ursprüngliche Chaos in der Genesiserzählung nahelegt, fällt dann die Macht Gottes nicht seiner Güte zum Opfer? Und umgekehrt: Wenn Gott «auch zur Linken» Herr ist, ist seine Güte dann nicht durch seinen Zorn begrenzt, durch seine Verwerfung, auch wenn diese einem Nicht-Wollen gleichgesetzt wird?

Wollte man dieser Interpretationslinie folgen, dann müsste man sagen, dass Barth aus der Theodizee und ihrer Logik der Vermittlung nicht herausgekommen ist. Anstelle einer gebrochenen Dialektik gäbe es dann nur einen schwachen Kompromiss. Eine andere Interpretation bietet sich an: Dass nämlich Barth zwar das Dilemma akzeptiert hat, das zur Theodizee führt, aber die Logik der Widerspruchsfreiheit und der systematischen Totalität ablehnte, die alle Lösungen von Theodizee bestimmt. Es müssen daher alle seine Aussagen nach der Kierkegaard'schen Logik des *Paradoxes* gelesen und die leisesten Andeutungen von Vermittlung aus seinen rätselhaften Formulierungen gestrichen werden.

Aber wir können uns eine noch radikalere Frage stellen: Hat Barth nicht die Grenzen eines streng christologischen Diskurses, die er sich selbst gesetzt hatte, überschritten? Und hat er damit nicht wieder den Weg für Spekulationen über die dämonische Seite der Gottheit geöffnet, den die Denker der Renaissance und dann – und mit welcher Kraft! – Schelling beschritten hat? Paul Tillich hat sich vor diesem Schritt nicht gefürchtet, den Barth nahelegt und zugleich ablehnt. Wie aber kann sich das Denken vor der Trunkenheit schützen, die Kant mit dem Begriff der *Schwärmerei* bezeichnet, was sowohl «Begeisterung» als auch «mystische Torheit» heisst? Besteht die Weisheit nicht darin, den *aporetischen* Charakter des Denkens über das Böse anzuerkennen, der gerade durch die Bemühung errungen wird, weiter und anders zu denken?

Denken, Handeln, Fühlen

Zum Schluss möchte ich unterstreichen, dass das Problem des Bösen nicht nur spekulativ ist: Es verlangt Konvergenz zwischen Denken, Handeln (im moralischen und politischen Sinn) und eine spirituelle Veränderung der Gefühle.

Denken

Auf der Ebene des Denkens, auf der wir uns bewegen, seitdem wir das Stadium des Mythos verlassen haben, kann man das Problem des Bösen berechtigterweise eine «Herausforderung» nennen, eine Herausforderung allerdings, die durch Anreicherung ständig anspruchsvoller geworden ist. Zuerst zeigt sie sich als Scheitern der voreiligen Synthesen, dann als der Antrieb, mehr und anders zu denken. Von der alten Theorie des Vergeltung bis zu Hegel und Barth hat sich die Denkarbeit immer mehr angereichert, angespornt von der Frage nach dem Warum, die in den Klagen der Opfer enthalten ist. Trotzdem haben wir die Onto-Theologien aller Zeiten scheitern sehen. Doch dieses Scheitern hat nie einfach zur Kapitulation eingeladen, sondern zur Verfeinerung der spekulativen Logik. In dieser Hinsicht sind die triumphierende Dialektik Hegels und die gebrochene Dialektik Barths aufschlussreich: Das Rätsel ist eine Anfangsschwierigkeit, ähnlich dem Klageruf; die Aporie ist eine Abschlussschwierigkeit, die durch die Denkarbeit selbst erzeugt wird. Diese Arbeit ist aber in der Aporie nicht zunichte gemacht, sondern in ihr aufgehoben.

Es ist nun Aufgabe des Handelns und der Spiritualität, für diese Aporie zwar nicht eine Lösung, aber eine *Antwort* zu finden, welche die Aporie produktiv machen soll. Das heisst: Dass sich die Denkarbeit auf der Ebene des Handelns und Fühlens fortsetzt.

Handeln

Für das Handeln ist das Böse zuerst einmal all das, was nicht sein darf, sondern bekämpft werden muss. In diesem Sinne kehrt das Handeln die Blickrichtung um. Unter dem Einfluss des Mythos wendet sich das spekulative Denken zum Ursprung zurück und fragt: «*Woher* kommt das Böse?» Die Antwort des Handelns – nicht aber die Lösung! – lautet: «Was ist *gegen* das Böse zu tun?» Damit richtet sich der Blick auf die Zukunft mit der Idee einer *Aufgabe*, die es zu erfüllen gilt, und antwortet so auf die Frage nach dem Ursprung.

Man glaube nicht, dass durch die Betonung des *praktischen Kampfes gegen* das Böse einmal mehr der Blick auf das Leiden verloren gehe. Ganz im Gegenteil: Alles Böse, vom einen begangen, wird (wie wir gesehen haben) vom anderen erlittenes Böses. Böses tun heisst den anderen leiden machen. Die Gewalt stellt die Einheit zwischen moralisch Bösem und Leiden immer wieder neu her. Von daher trägt jedes ethische oder politische Handeln, das die Gewalt, die Menschen einander antun, verringert, dazu bei, das Ausmass des Leidens in der Welt zu mindern. Man ziehe das Leiden, das Menschen anderen zufügen, ab und sehe dann, was an Leiden in der Welt übrig bleibt – ehrlich gesagt, wir wissen es nicht, weil das Leiden so stark von der Gewalt durchdrungen ist.

Diese praktische Antwort bleibt nicht ohne Wirkung auf der spekulativen Ebene: Lasst uns, bevor wir Gott Vorwürfe machen oder über einen dämonischen Ursprung des Bösen in Gott selbst spekulieren, ethisch und politisch gegen das Böse vorgehen.

Dagegen wäre einzuwenden, dass die praktische Antwort nicht ausreicht. Zunächst einmal ist das von Menschen zugefügte Leiden, wie wir zu Beginn gesagt haben, willkürlich und blind verteilt, so dass es von zahllosen Menschen als unverdient empfunden wird. Die Vorstellung bleibt bestehen, dass es unschuldige Opfer gibt, wie es der von René Girard beschriebene grausame Mechanismus des Sündenbocks zeigt.[8] Darüber hinaus gibt es Leiden, das jenseits der Ungerechtigkeit, die Menschen einander antun, seinen Ursprung hat: Naturkatastrophen (vergessen wir nicht den durch das Erdbeben in Lissabon ausgelösten Streit), Krankheiten und Epidemien (denken wir an die demografischen Verheerungen wie Pest, Cholera und heute noch die Lepra, vom Krebs ganz zu schweigen), Alter und Tod. Dann wird die Frage nicht «Warum?», sondern «Warum gerade ich?» lauten. Die praktische Antwort darauf kann dann nicht mehr genügen.

Fühlen

Die emotionale Antwort, die ich der praktischen beifügen möchte, betrifft die Gefühle, die sich in der Klage und Anklage ausdrücken. Sie können unter dem Einfluss der Weisheit und

---

[8] René Girard, *Der Sündenbock*, Benziger, Zürich 1988.

der sie bereichernden philosophischen und theologischen Meditation eine Transformation durchmachen. Als Modell einer solchen Verwandlung nehme ich die Trauerarbeit, wie Sigmund Freud sie in einem berühmten Aufsatz mit dem Titel *Trauer und Melancholie* beschreibt.[9] Dort wird die Trauer als schrittweises Loslassen aller Bindungen beschrieben, die uns den Verlust eines Liebesobjekts als Verlust unserer selbst empfinden lassen. Dieses Loslassen, das Freud «Trauerarbeit» nennt, macht uns für neue affektive Bindungen frei.

Ich möchte nun erwägen, wie die Weisheit mit ihren philosophischen und theologischen Weiterführungen eine spirituelle Hilfe für die Trauerarbeit sein könnte, die auf eine *qualitative* Veränderung von Klage und Anklage zielt. Der Weg, den ich hier beschreibe, erhebt überhaupt keinen Anspruch auf exemplarische Gültigkeit. Er stellt einen möglichen Pfad dar, auf dem Denken, Handeln und Fühlen gemeinsam gehen können.

---

[9] Sigmund Freud, *Trauer und Melancholie*, in: ders., Studienausgabe Bd. 3, S. Fischer Verlag, Frankfurt a. M. 1975, S. 193–212.

Die erste Möglichkeit, die intellektuelle Aporie produktiv zu machen, besteht darin, das *Unwissen*, das sie hervorruft, in die Trauerarbeit einzubeziehen. Angesichts der Tendenz Überlebender, sich für den Tod ihres Liebesobjekts schuldig zu fühlen, oder schlimmer noch, angesichts der Tendenz der Opfer, sich selbst Vorwürfe zu machen und das grausame Spiel des Sühneopfers mitzuspielen, müssen wir entgegnen können: Nein, Gott hat das nicht gewollt, und viel weniger noch hat er mich bestrafen wollen. Hier muss das Scheitern der Theorie der Vergeltung auf spekulativer Ebene in die Trauerarbeit einbezogen werden, als Befreiung von der Anschuldigung, wodurch das Leiden gewissermassen blossgestellt wird, und zwar als unverdientes.[10] Das Eingeständnis: «Ich weiss nicht warum; es geschieht einfach so; es gibt halt Zufall auf der Welt», ist der Nullpunkt der Klage, die einfach auf sich selbst zurückgeführt wird.

---

10 In diesem Zusammenhang ist das kleine Buch des Rabbiners Harold S. Kushner, *Wenn guten Menschen Böses widerfährt*, GTB, Gütersloh 1988, von grosser seelsorgerlicher Tragweite.

Ein zweites Stadium der Spiritualisierung der Klage ist erreicht, wenn sie sich zur Anklage gegen Gott auswachsen darf. Das ist der Weg, den Elie Wiesel in seinem gesamten Werk eingeschlagen hat. Die Bundesbeziehung – insofern sie ein Prozess ist, den beide Seiten, Gott und Mensch, miteinander führen – lädt dazu ein, diesen Weg einzuschlagen bis hin zum Artikulieren einer «Theologie des Protests».[11] Wogegen sie protestiert, ist der Gedanke der göttlichen *permissio*, die als Notbehelf so vieler Theodizeen dient und die selbst Barth neu zu denken versucht, wenn er den bereits errungenen Sieg über das Böse von der vollständigen Offenbarung dieses Sieges unterscheidet. Die Anklage Gottes ist hier die Ungeduld der Hoffnung. Sie hat ihren Ursprung im Schrei des Psalmisten: «Bis wann, Herr?»

Ein drittes Stadium der Spiritualisierung der Klage ist, geschult durch die Aporie der Spekulation, die Entdeckung, dass die Gründe, an Gott zu glauben, nichts mit dem Bedürfnis zu tun haben, den Ursprung des Leidens zu erklären. Das

---

11 Wie die von John K. Roth in: *Encountering Evil*, John Knox Press, Atlanta 1981.

Leiden ist nur für jenen Glauben ein Skandalon, der Gott als Quelle alles Guten in der Schöpfung versteht – zu dem durchaus auch das Aufbegehren gegen das Böse, der Mut, es zu ertragen, und die Regung des Mitgefühls gegenüber den Opfern des Bösen gehören. So glauben wir also an Gott *trotz* des Bösen (ich kenne das Glaubensbekenntnis einer christlichen Konfession, deren Artikel alle nach einem trinitarischen Muster mit dem Wort *trotzdem* anfangen). An Gott zu glauben *trotz* ..., das ist eine der Weisen, die spekulative Aporie in die Trauerarbeit zu integrieren.

Über diese Schwelle hinaus haben sich einige Weise einsam auf den Weg gewagt, der zu einem völligen Verzicht auf die Klage selbst führt. Einigen von ihnen gelingt es, im Leiden einen pädagogischen und läuternden Wert zu entdecken. Aber es muss sofort hinzugefügt werden, dass dieser Sinn nicht gelehrt werden kann – er kann nur gefunden oder wieder gefunden werden; und es darf ein berechtigtes pastorales Anliegen sein, zu verhindern, dass dieser Sinn das Opfer, das ihn sich zu eigen macht, zu Selbstvorwürfen und Selbstzerstörung zurückführt. Andere, noch weiter vorangekommen auf dem Weg des Verzichts auf Klage, finden einen Trost ohnegleichen in dem

Gedanken, dass Gott selbst leidet und dass der Bundesschluss, über seine konfliktreichen Aspekte hinaus, in der Teilhabe Gottes an der Erniedrigung Christi, des Schmerzensmannes, gipfelt. Die Theologie des Kreuzes – das heisst die Theologie, derzufolge Gott selbst in Christus gestorben ist – hat keine Bedeutung ausserhalb der entsprechenden Verwandlung der Klage. Der Horizont, auf den sich diese Weisheit hinbewegt, scheint mir ein Verzicht auf den Wunsch selbst zu sein, der, wenn er verletzt wird, die Klage provoziert: Verzicht auf den Wunsch, für seine Tugenden belohnt zu werden, Verzicht auf das Verlangen, vom Leiden verschont zu bleiben, Verzicht auf die infantile Komponente des Wunsches nach Unsterblichkeit – was helfen würde, den eigenen Tod als einen Anteil am Negativen anzunehmen, das Karl Barth sorgfältig vom aggressiven *Nichtigen* unterschieden hat. Eine derartige Weisheit zeichnet sich vielleicht am Ende des Buches Hiob ab, wenn es heisst, dass es Hiob gelungen sei, Gott *ohne Grund* zu lieben, so dass Satan seine anfängliche Wette verliert. Gott grundlos lieben bedeutet, völlig aus dem Kreislauf der Vergeltung herauszutreten, in dem die Klage noch gefangen ist, solange sich das Opfer über sein ungerechtes Los beklagt.

Dieser Horizont der Weisheit im jüdisch-christlichen Abendland überschneidet sich vielleicht mit dem der buddhistischen Weisheit in einigen Punkten, die nur in einem ausführlichen Dialog zwischen der jüdisch-christlichen Tradition und der buddhistischen ausgemacht werden könnten.

Ich möchte diese einsamen Weisheitserkenntnisse nicht vom ethischen und politischen Kampf gegen das Böse trennen, der alle Menschen guten Willens vereinen kann. In Hinsicht auf diesen Kampf sind diese Weisheitserfahrungen, ähnlich wie die Äusserungen des gewaltfreien Widerstands, gleichnishafte Vorwegnahmen eines menschlichen Daseins, in dem, wenn die Gewalt einmal überwunden sein wird, das Rätsel des wahren Leidens, des *nicht reduzierbaren* Leidens, offenbar würde.